AF224365

COUPLETS

COMPOSÉS ET CHANTÉS

A L'OCCASION

Du Mariage de Mr A. B.,

Avec Mlle E. P.,

Le 30 décembre 1843.

Rouen.

—

M.DCCC.XLIV.

COUPLETS.

I.

Air : *Faut l'oublier.....*

Aimons-nous bien, ma douce amie;
Pour toujours, au fond de mon cœur,
J'ai promis amour et bonheur
A la compagne de ma vie.
J'entends encore ton oui charmant,
Et dans l'ivresse qu'il m'inspire,
Je vois ton regard caressant
Qui, doucement, semble me dire :
Aimons-nous bien, aimons-nous bien.

Aime-la bien, m'a dit ta mère;
Et qui pourrait ne pas t'aimer?
Aux vertus qu'on doit estimer
Tu joins la candeur qui sait plaire.
De celle qui forma ton cœur,
Je bénis les soins, la tendresse;
Car je lui dois tout mon bonheur,
Et, comme toi, je dis sans cesse :
Aimons-la bien, aimons-la bien.

Aimons-nous bien, et sur la terre
Tous les deux puissions-nous offrir
Et l'exemple et le souvenir
Des bons parents que je révère.
J'eus aussi, dès mon premier jour,
Une mère tendre et chérie
Qui me combla de soins, d'amour;
Et comme moi, ma douce amie,
Aime-la bien, aime-la bien.

E. C.

II.

Air : *A l'âge heureux de quatorze ans,*

Toi, dont j'ai rêvé le bonheur
Chaque jour de mon existence ;
Toi, l'enfant chéri de mon cœur,
Toi, mon bien, ma seule espérance,
Puisses-tu, dans ces doux liens,
Trouver, au gré de notre envie,
Ces plaisirs purs et ces vrais biens
Qui font le charme de la vie.

A pareil jour, ma chère enfant,
Je donnais aussi ma tendresse
A l'ami sûr et prévoyant
Qui fut l'appui de ta jeunesse.
Ce souvenir de mon bonheur
Devient pour moi l'heureux présage
De ces beaux jours, pleins de douceurs,
Qui seront aussi ton partage.

Mon Elise, en suivant les lois
De l'époux auquel tu dois plaire,
Tu viendras encore quelquefois
Chercher les baisers de ta mère :
Et vous, mon fils ; vous, son ami,
Veillez sur elle avec constance,
C'est dans votre amour aujourd'hui
Que nous plaçons notre espérance.

E. C.

III.

Air *des Puritains*.

Le cœur plein d'espérance,
Fêtons l'avenir qui commence ;
Consacrons, par des chants d'amour,
Le bonheur d'un aussi beau jour.

> Mon Elise, crois-moi,
> A l'espoir livre-toi,
> Et que cette journée
> Remplisse ta pensée
> De ce rêve enchanteur
> Dont la brillante image
> Souvent, pour le jeune âge,
> Est déjà le bonheur.

> Conserve dans ton cœur
> La bonté, la candeur,
> Qui, de ton frais visage,
> Sont le doux apanage,
> Et rends à ton époux
> Tendresse pour tendresse ;
> Car il dira, sans cesse,
> Ma Lisette, aimons-nous.

> Vous, qui serez souvent
> Dans ce lien charmant,
> De notre jeune fille,
> La seconde famille ;
> Vous ici dont le cœur
> Avec nous sympathise,
> Aimez bien notre Elise :
> Et faites son bonheur.　　　　T. B.

IV.

Air : *Feu, feu M. Mathieu.*

A célébrer cet hymen
Que chacun de vous s'apprête,
Au jeune Roi de la fête
Répétons tous ce refrain :
    BANCE, mon cher ami,
    Rendez notre Elise heureuse ;
    BANCE, mon bon ami,
    Ne l'aimez pas à demi.

Ses parents vous ont donné
Ce qu'ils aiment mieux au monde ;
Aussi leur espoir se fonde
Sur un fils au cœur bien né.

L'objet de tous vos désirs
Vous prouvera sa tendresse,
Et partagera sans cesse
Vos peines et vos plaisirs.

Grâces, talents et beauté,
D'Elise sont le partage ;
Elle apporte en mariage
La douceur et la bonté.

Vous trouvez, par ce lien,
Un vrai trésor dans ma nièce ;
Joignez à votre richesse
L'estime des gens de bien.

A dater de cet instant,
N'oubliez pas, Alexandre,
Que la mère la plus tendre
Pour vous quitte son enfant.

Du beau-père, l'imprimeur,
C'est l'*épreuve* la plus chère,
Et le meilleur *caractère*
Qu'il vous donne de tout cœur.

Pour cimenter le bonheur
D'une femme si gentille,
Aux *impressions* de famille
Livrez-vous avec ardeur.

Celle que vous épousez
Chérit les lois de la *presse;*
Sur le beau front de ma nièce
Imprimez mille baisers.

Laissez rayonner au ciel
L'astre brillant de lumière;
Pour soleil, sur cette terre,
Prenez la *lune de miel.*

Après douze mois d'hymen
Lancez-nous la *circulaire,*
Qui nous dira que la mère
Et l'enfant se portent bien.

E. B.

V.

A vous aimer enfin Dieu vous convie,
Et vos deux cœurs prévenaient sa bonté :
Un chaste hymen assure votre vie
Contre l'ennui, l'erreur, l'adversité ;
Mais secondez cette heureuse assurance :
Dans vos beaux ans gardez, pour l'avenir,
A votre amour encore une espérance,
A votre hymen un riant souvenir (*bis*). } *bis*.

Fiers des trésors que le ciel vous réserve,
Longs jours de paix et de félicité,
N'escomptez pas ces biens qu'il vous conserve;
Rêvez l'hiver au soleil de l'été.
Le vrai bonheur naît de la tempérance,
Par elle encore il se voit rajeunir,
Et s'il s'endort au sein de l'espérance,
Il se réveille au plus doux souvenir.

Partez joyeux pour ce pèlerinage
Où tant de vœux guident les zélateurs ;
Tout est pour vous dans ce charmant voyage :
Jeunesse, amour, vertus et nobles cœurs.
Soignez ces dons avec persévérance,
Et vous verrez tout chemin s'applanir ;
De temps en temps, bercés par l'espérance,
Reposez-vous sur un doux souvenir.

Vers le foyer des plus heureux ménages
J'ai vu parfois, je vous en dois l'aveu;
J'ai vu soudain se former des nuages
Qui, j'en suis sûr, ne venaient pas du feu ;
Mais la bonté, l'esprit, la tolérance,
Chez vous toujours sauront les prévenir.
Un mot du cœur ramène l'espérance,
Et la gaîté renaît du souvenir.

N'oubliez pas, même en vos jours d'ivresse,
De vieux amis, constants et sans détours ;
N'oubliez pas ce qu'on doit de tendresse
Aux cœurs aimants, chers auteurs de nos jours.
Sacrifiez à la reconnaissance,
Et conservez ce que Dieu doit bénir :
A vos amours, une douce espérance;
A vos parents, un tendre souvenir.

D. L.

VI.

Air : *Lise épouse l'beau Gernance.*

« Notre Elise se marie ! »
Emile, en ces mots, me prie
D'accourir, malgré l'hiver ;
Je prends le chemin de fer :
Rouen, Paris, c'est mêm' rive,
Et le cœur voisinera ;
Sentiment, locomotive
N' connaiss' plus ces distanc'-là. (*Bis.*)

La vapeur fait perdre haleine ;
Vraiment j'eus le temps à peine
De rimer quelques couplets ;
Les voici, bien ou mal faits.
L'embarras, c'est que je chante
Un peu faux, je sais cela ;
Mais l'amitié bienveillante
N'admet pas c't'embarras-là.

Jeune et belle mariée,
Par un doux serment liée,
Vous aurez des jours bénis,
L'hymen vous les a promis.
Bonne fille, épouse chère,
Digne mère deviendra :
Qui, c'est là tout le mystère,
Et le bonheur, il est là.

Tendre époux, amant sincère,
A vous un père, une mère
Donnent leur ange-gardien ;
Cet ange, gardez-le bien.
La vie a plus d'un orage ;
Quand le ciel se voilera,
Pour le revoir sans nuage,
Regardez dans ces yeux-là.

Pour ta fille bien-aimée
Je t'ai vu l'ame alarmée,
Cher Émile, et père aussi,
Je comprenais ton souci.
Ami, le destin prospère
Que tu rêvais, le voilà !
C'est le vrai bonheur d'un père,
Et tu connais c'bonheur-là.

Demain, aimable Justine,
Ç'en est fait, l'an se termine ;
Quand il finit aussi bien,
Pour l'autre ne craignez rien.
Voici v'nir la bonne année
Qu'amour souhaite déjà ;
Elle sera fortunée,
Fiez-vous à ces vœux-là.

A ce banquet l'on m'écoute
Avec bonté, mais je r'doute
Que l'on ne trouve mon chant
Un peu long et discordant.
On n'dira pas ce qu'on pense,
On est trop poli pour çà ;
Un jour de nôc' l'indulgence
Ne fait pas ces critiqu'-là.   H. L.

VII.

A **M.** Alexandre **BANCE**, *qui avait chargé l'Auteur de porter un toast à l'amitié.*

Pour proclamer un toast plein de tendresse
De mon organe, ami, vous fîtes choix ;
J'acceptai tout, et malgré ma promesse
A votre appel je demeurai sans voix.
Mais puisqu'enfin, par une erreur étrange,
De ce devoir mon cœur s'est délié,
Je veux au moins vous offrir en échange
    Les vœux de l'amitié.

Soyez heureux, vous que j'ai vu naguère
Tout palpitant et de crainte et d'effroi ;
Qui, chaque soir, embrassant votre mère,
Lui demandiez : oh ! sera-t-elle à moi ?
Elle est à vous ! Dans ce jour d'allégresse,
Que le passé, que tout soit oublié ;
Étouffons-le sous les fleurs que vous tresse
    La main de l'amitié.

Elle est à vous, cette vierge si belle,
Ange si pur, si noble de vertus.
Aimez-la bien : soyez toujours fidèle
A des serments que le ciel a reçus :
Et si jamais de légères tempêtes,
Pour quelques jours, vous frappaient sans pitié,
N'oubliez pas, pour abriter vos têtes,
    Le toit de l'amitié.

De son amour, Élise, soyez fière
Et, sur son cœur, en paix reposez-vous ;
Il vous rendra les baisers d'une mère,
Car un bon fils est toujours bon époux.
L'âge viendra, qui calmera sa flamme ;
Mais craignez peu ce temps trop décrié,
Car, pour combler ce grand vide de l'ame,
        Dieu créa l'amitié.

Que le commerce où votre espoir se fonde
Verse sur vous ses plus riches trésors ;
Qu'il soit pour vous une mine féconde,
Prix du travail et de nobles efforts.
Puis, retirés dans un riant asile,
Dans vos plaisirs mettez-nous de moitié,
Et gardez-nous au foyer de famille
        Le coin de l'amitié.

A. P.

ROUEN.—IMP. D'ÉMILE PERIAUX.

www.ingramcontent.com/pod-product-compliance
Lightning Source LLC
Chambersburg PA
CBHW061636050726
47595CB00007B/3223